AF602862

TITRES

ET

TRAVAUX SCIENTIFIQUES

DU

Dr Lucien LAROYENNE

LYON

A. REY & Cie, IMPRIMEURS-ÉDITEURS DE L'UNIVERSITÉ

4, RUE GENTIL, 4

—

1907

TITRES

TITRES UNIVERSITAIRES

Docteur en médecine (Lyon, 1902).
Chargé des fonctions :
d'aide d'anatomie a la Faculté de Lyon (1899).
Aide d'anatomie titulaire — — (Concours de 1900).
Prosecteur — — (— de 1903).
Admissibilité au concours d'agrégation (1904).

TITRES HOSPITALIERS

Externe des hopitaux de Lyon (Concours de 1894).
Interne — — (— de 1896).
Chargé des fonctions de chirurgien de garde dans les hopitaux de Lyon (Admissibilités aux concours de chirurgicat de 1904 et 1905.)

ENSEIGNEMENT

Conférences d'anatomie et de médecine opératoire en qualité d'aide d'anatomie et de prosecteur (1899-1906).

TRAVAUX SCIENTIFIQUES

CHIRURGIE DE L'INTESTIN ET DES VOIES BILIAIRES

Exploration chirurgicale de l'intestin grêle et différenciation pratique de ses anses.

(En collaboration avec M. Bert. *Société des Sciences médicales*, 3 février 1904.)

L'uniformité de l'intestin grêle est une gêne pour le chirurgien. Toutes ses anses sont pareilles à première vue, le jéjunum et l'iléon ne sont séparés par aucune limite réelle et leur situation dans la cavité abdominale ne se prête — nous l'avons vérifié après tant d'autres — à aucune systématisation précise. On souhaiterait pourtant, au cours de nombreuses interventions, de s'orienter et de savoir si tel segment intestinal qu'on a sous la main, avoisine le cæcum ou l'angle duodéno-jéjunal. Un dévidement ou une éviscération ne sont pas toujours possibles et il y aurait souvent grand intérêt à pouvoir s'en passer.

C'est ce problème que, par des recherches anatomiques et cliniques, nous avons cherché à résoudre.

Les valvules conniventes de l'intestin grêle vont, comme on le sait, en décroissant de volume et de nombre, depuis son origine jusqu'à sa terminaison. Au voisinage du cæcum, elles sont nulles ou insignifiantes, en tout cas bien moins développées qu'au voisinage du duodénum. Or, *ces valvules conniventes peuvent être perçues par la palpation externe de l'intestin.* Si on prend entre les doigts de la main gauche une anse intestinale et qu'on la *lisse*, dans le sens de la longueur, avec l'index et le pouce de la main droite, on sent très nettement les reliefs formés par ces valvules, on apprécie bien leur plus ou moins forte saillie ; on peut dire, par comparaison, en explorant de la sorte plusieurs régions intestinales, si les valvules sont bien, moyennement ou point développées, rapprochées les unes des autres ou écartées et, par conséquent, si on est près, loin ou très loin de l'origine de l'intestin grêle. Nous avons fait ces observations sur un grand nombre de cadavres et au cours de plusieurs interventions intestinales complexes.

Si l'on se trouvait en présence d'un intestin fortement météorisé, la constatation de ce signe serait vraisemblablement difficile ; il serait alors peut-être possible de voir par transparence l'insertion de ces valvules — cela est sûrement possible sur l'intestin insufflé du cadavre — et de juger ainsi de leur fréquence et, par conséquent, de la topographie approximative de l'intestin.

On reprochera peut-être à cette différenciation d'être encore trop grossière et de permettre surtout une distinction entre l'intestin valvulaire et l'intestin avalvulaire. Nous répondrons qu'elle doit être suffisante dans bien des cas. En effet, l'intestin valvulaire n'est-il pas la portion physiologiquement active du grêle, celle sur laquelle on ne peut faire porter un anus ou une exclusion sans que l'opéré court des risques de dénutrition, et c'est déjà un résultat que de pouvoir la reconnaître.

Il faut encore remarquer que le gros intestin manquant de valvules conniventes, leur perception par la palpation externe permettra d'affirmer qu'on n'a pas affaire à lui et s'ajoutera ainsi aux signes, d'ailleurs nombreux, qui le différencient du grêle.

A quelques semaines d'intervalle, et sans qu'il nous fût possible de nous être consultés, paraissaient sur ce sujet, l'important travail américain de Monks et le mémoire allemand de Krukenberg.

Monks cherche la différenciation entre les anses grêles, surtout dans les caractères de leur mésentère et des vaisseaux qui y sont inclus. Nous avons souvent examiné, à ce point de vue, des segments de mésentère, et il nous a semblé que les signes distinctifs qu'il présente, étaient moins faciles à reconnaître que ceux que nous proposons.

Krukenberg recommande, comme nous, l'exploration des valvules et il donne un exemple de son utilisation : ayant à exécuter une cholécystentérostomie, il voulut anastomoser à la vésicule une partie de l'intestin voisine du duodénum, pour éviter les risques d'infection ascendante ; il y réussit sans peine grâce à ce procédé de recherche. Nous pourrions aujourd'hui ajouter un certain nombre d'autres exemples de son emploi, empruntés en particulier à la pratique de M. Villard, et concernant des entérostomies et des exclusions intestinales.

Appendicite post-traumatique (?)
Péritonite diffuse non généralisée

(*Société des sciences médicales de Lyon.* Février 1907.)

Cette observation met en question deux points actuellement controversés : les rapports de l'appendicite et du traumatisme, la curabilité des péritonites généralisées.

I. — Cet enfant de dix ans n'avait jamais eu de crise antérieure d'appendicite, il jouissait, au moment de l'accident, d'une santé parfaite et c'est en jouant, qu'il reçut sur l'abdomen, une pierre volumineuse. L'intensité du traumatisme était indéniable, une ecchymose étendue de la paroi en témoignait. Cette contusion a-t-elle créé de toutes pièces une appendicite ou a-t-elle réveillé des lésions latentes ? On ne peut le dire, mais cette succession de phénomènes a eu une autre conséquence pratique : celle de déterminer une erreur de diagnostic. En effet, deux jours après l'accident, ce malade est entré à l'hôpital avec les signes d'une péritonite généralisée qui, en raison des antécédents, a été mise sur le compte d'une rupture traumatique de l'intestin et ce n'est pas vers l'appendice, que furent dirigées les premières explorations.

II. — A la suite de l'intervention — appendicectomie et drainage — cet enfant guérit. Il présentait un épanchement de pus libre dans l'abdomen. Il n'est pas douteux que, si l'on s'était borné à des incisions de drainage dans les fosses iliaques et sur la ligne médiane, et si l'on avait vu du pus sortir par chacune d'elles, cette guérison eût été mise à l'actif des succès opératoires dans la péritonite généralisée. Mais les incertitudes du diagnostic que nous avons dites, ont conduit à un examen complet de l'abdomen et montré que cette péritonite à épanchement libre, n'était pourtant pas totale. L'inflammation des anses intestinales, leur rougeur étaient limitées à un certain nombre d'entre elles.

Les péritonites bénignes et limitées, bien que sans enkystement, ne sont probablement pas rares chez les enfants qui fournissent les statistiques les plus brillantes à la cure opératoire des péritonites dites généralisées.

Hernie compliquée d'étranglement rétrograde de l'intestin

(*Gazette des Hôpitaux*. Février 1907.)

L'étranglement rétrograde de l'intestin, c'est-à-dire l'étranglement par un anneau ou par un collet herniaire d'une anse intestinale demeurée dans l'abdomen, est ordinairement réalisé par le mécanisme suivant : deux anses intestinales s'engagent dans un sac herniaire ; elles sont reliées l'une à l'autre par une troisième qui reste dans l'abdomen et cet ensemble représente la disposition de la hernie dite en W (Maydl). Une striction exercée par l'anneau herniaire ou par le collet du sac, étrangle les trois anses, aussi bien les deux anses intra-sacculaires que *l'anse intermédiaire intra-abdominale* qui se trouve être en étranglement rétrograde.

Cet accident a été peu étudié et les observations s'en comptent. Nous en rapportons une nouvelle pour laquelle nous avons eu à intervenir d'urgence dans le service de M. Tixier, et nous cherchons à en élucider la pathogénie.

La disposition anatomo-pathologique qui fut rencontrée au cours de l'intervention est celle qui est représentée dans le schéma ci-joint, c'est-à-dire : 1° Le sac contenait le cæcum et la partie tout à fait terminale de l'iléon et, en outre, une anse grêle. Ces segments intestinaux *étaient manifestement sains*. L'étranglement paraissait peu serré ; 2° Dans l'abdomen se trouvait une anse intestinale intermédiaire, mesurant deux mètres de long, noire, parsemée de taches verdâtres faisant craindre un sphacèle imminent. De plus, la sérosité épanchée dans le sac était de coloration citrine, alors que l'abdomen renfermait un abondant épanchement de liquide hématique d'odeur infecte.

Cette différence entre l'état de l'anse étranglée dans le sac et celui de l'anse étranglée dans l'abdomen est particulièrement remarquable ; elle se retrouve dans d'autres observations (Langer, Benno Schmidt) et paraît au premier abord assez déconcertante. En effet, l'anneau ou le collet qui est l'agent de l'incarcération herniaire est aussi celui de l'incarcération abdominale et l'on comprend difficilement que les effets de sa striction ne soient pas les mêmes au-dessus et au-dessous de lui. Que le cæcum hernié reste indemne, quand l'intestin grêle est lésé, cela se comprend, car sa résistance plus grande est connue ; mais, dans le sac, se trouvait aussi une anse grêle,

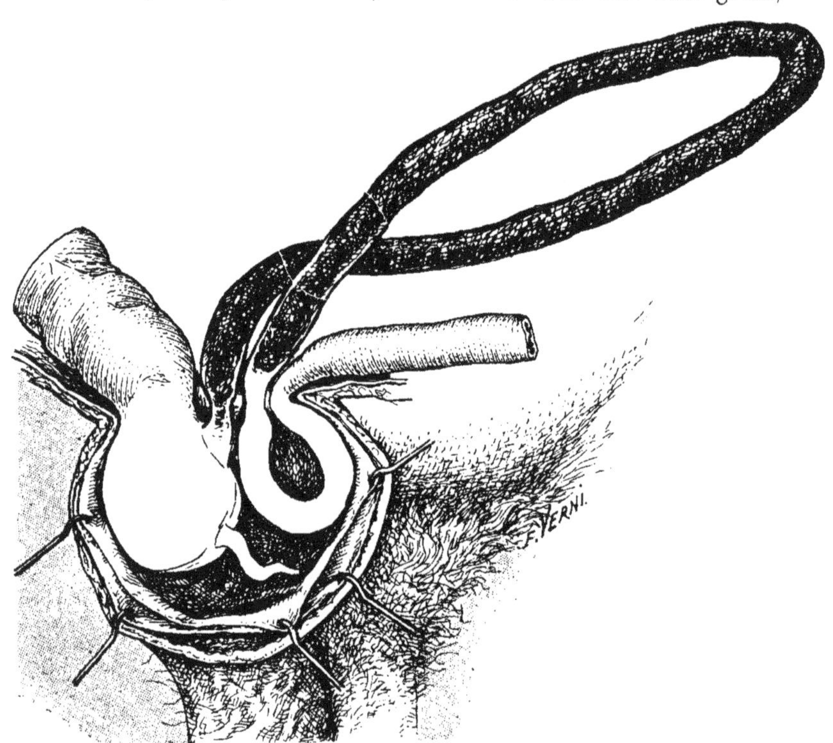

Fig. 1. — Hernie compliquée d'étranglement rétrograde de l'intestin.

qui, elle, était saine, alors que son anse sœur intra-abdominale était gravement malade. Nous pensons qu'une autre cause a coopéré à sa mortification, et qu'elle était, par surcroît, tordue sur son axe. Cette torsion, sans doute assez faible, a cédé, une fois l'agent d'étranglement levé et dès les premières tractions exercées sur l'intestin, aussi n'avons-nous pas pu la constater nettement, mais seulement la pressentir et il est d'ailleurs manifeste que le segment d'intestin étranglé dans l'abdomen se prêtait bien à une évolution autour de son axe, en raison de sa grande longueur et de la fixité de ses deux extrémités.

La rareté des étranglements rétrogrades de l'intestin, a relégué cette lésion au rang des curiosités anatomiques et des problèmes de pathogénie et ne prête pas à de longues considérations pratiques. Le diagnostic en paraît bien difficile — sinon impossible — à poser. En effet, notre malade présentait le tableau ordinaire d'une hernie étranglée et n'avait même pas de ballonnement du ventre. Au cours même de l'opération, on peut concevoir que cette disposition anormale passe inaperçue, si l'on réduit hâtivement l'intestin ; ainsi peut-être ont été méconnus quelques hernies en W et quelques étranglements sus-annulaires ; cependant notre observation et quelques autres indiquent la nécessité de ne point laisser en dehors de l'examen, l'anse abdominale qui peut être la plus altérée. Par là, se trouvent simplement renforcés des préceptes classiques, car un étranglement rétrograde ne risquera guère d'être méconnu, si l'on pratique systématiquement l'examen de la région de l'intestin répondant au collet.

L'existence d'un étranglement rétrograde peut compliquer et aggraver singulièrement une kélotomie. L'opérateur qui croyait rencontrer un étranglement herniaire se trouve en face d'une occlusion interne. On ne peut pas dire à l'avance s'il doit se contenter de son incision première ou avoir recours à une hernio-laparotomie. Ce choix dépendra de la longueur de l'anse abdominale et de son état. Ce sont aussi ces deux éléments qui dominent le pronostic.

Complication rare d'un rétrécissement tuberculeux de l'intestin grêle.

(*Société des Sciences médicales*, 16 janvier 1901.)

Les rétrécissements tuberculeux de l'intestin grêle peuvent se présenter sous une forme larvée ainsi qu'une malade du service de M. A. Pollosson en fournit un exemple. Les troubles digestifs étaient d'ordre banal et c'est sous le masque d'une infection génitale aiguë ou d'une appendicite pelvienne qu'évoluèrent les complications de ce rétrécissement. Une volumineuse collection remplissait le cul-de-sac postérieur et dut être évacuée d'urgence.

Cette pelvi-péritonite avait pour origine une double sténose tuberculeuse du grêle, en amont de laquelle l'intestin extrêmement dilaté et altéré s'était spontanément perforé.

Contribution au traitement des polyadénomes du gros intestin.

(*Bulletin médical.* — 23 mars 1907.)

Les procédés thérapeutiques chirurgicaux opposés à cette grave affection sont des exérèses ou des exclusions. Les exérèses comprennent l'ablation des polypes par voie endo-rectale et l'amputation du rectum.

L'ablation des polypes a été souvent pratiquée, elle ne présente ni grande difficulté, ni gravité opératoire, mais elle est forcément incomplète, lorsque des tumeurs nombreuses ont envahi — comme c'est le cas ordinaire — la partie supérieure du rectum et même tout le gros intestin. Cette simple opération a donné quelques résultats palliatifs, mais le plus souvent éphémères.

L'amputation du rectum pour polyadénomes multiples du gros intestin est passible des mêmes reproches, elle reste une opération incomplète quand les tumeurs s'étendent aux côlons et au cæcum. De plus, elle présente par elle-même une gravité incontestable et la conviction de l'existence d'une tumeur maligne rectale, accompagnant les polyadénomes, peut seule autoriser à l'entreprendre.

Aussi Quénu et Landel pensent-ils que c'est vers les procédés d'exclusion du gros intestin que la thérapeuthique doit s'engager, et ils proposent de débarrasser, par une opération locale, le rectum des polypes qu'il contient, puis d'anastomoser l'iléon à cette partie rendue saine du rectum. Ce plan séduisant, qui avait déjà été exécuté, mais sans grand succès par Rotter, renferme peut-être la conduite de l'avenir, mais il doit aussi présenter des difficultés: les anastomoses intestinales au rectum ou à la partie inférieure du côlon ilio-pelvien sont toujours laborieuses. Sous la pression d'accidents pressants d'hémorragie ou d'occlusion, il ne serait pas indiqué, d'avoir recours à un mode opératoire aussi compliqué.

Il est assez singulier de voir, en parcourant l'histoire de la polypose intestinale, combien a été peu employé et peu recommandé le procédé le plus simple d'exclusion du gros intestin : l'*anus iliaque droit portant sur le cæcum*. C'est cette opération que, sur les indications de M. Vallas, nous voulons recommander. Comme intervention d'urgence dans les accidents aigus hémorragiques ou occlusifs des polyadénomes, elle est supérieure à l'ablation partielle endo-rectale des polypes. Comme intervention définitive, pratiquée à froid, elle devra peut-être céder le pas à l'anastomose iléo-sigmoïdienne.

A l'appui de ces idées, nous rapportons l'observation d'un jeune malade que nous avons pu revoir vingt mois après l'établissement d'un anus cæcal. Il avait été opéré d'urgence pour des accidents graves d'hémorragie et de prolapsus rectal. Les tumeurs s'étendaient jusqu'au cæcum inclusivement et présentaient la structure histologique typique des polypes muqueux. Mises au repos par la fistulisation du cœcum, elles n'avaient pas rétrocédé, mais avaient cessé de provoquer des accidents et l'état général du malade s'était transformé.

Ictère progressif dû à la compression du cholédoque par des ganglions caséeux

(Lesieur, Laroyenne et André
Société médicale des hôpitaux de Lyon, 3 octobre 1902)

Le malade qui fait l'objet de cette communication, était atteint depuis huit mois, de poussées douloureuses dans l'hypochondre droit et d'accès fébriles, puis s'étaient installés les signes classiques d'une occlusion du cholédoque : ictère intense, décoloration des feces, le foie et la rate étaient hypertrophiés, *la vésicule biliaire très nettement perceptible était dilatée.*

Le diagnostic présentait les plus grandes difficultés. Dans différents services où il avait séjourné, on avait successivement songé à un abcès sous-phrénique, à un cancer du pancréas d'autant plus vraisemblable que sa vésicule était hypertrophiée et qu'il portait une volumineuse adénopathie sus-claviculaire gauche ; il présentait par ailleurs des signes de tuberculose pulmonaire.

Le malade se cachectisant de plus en plus, une laparatomie fut décidée. Elle révéla l'absence de lithiase, la présence en arrière de l'hiatus de Winslow, d'une grosse masse dure et irrégulière, et, en avant du foie, sous le diaphragme, d'une petite poche flétrie à contenu friable, semblant être le reliquat d'un ancien abcès. Une cholécystotomie, justifiée par les accidents fébriles, fut faite, mais n'amena aucun soulagement et le malade ne tarda pas à succomber à une poussée nouvelle de tuberculose pulmonaire.

L'autopsie, outre des lésions pulmonaires étendues, montra des ganglions tuberculeux dans la région sus-claviculaire, dans le médiastin postérieur et au-dessous du diaphragme dont la face inférieure était tapissée d'une multitude de glandes du volume d'une noix, avec un centre caséeux qui contenait des bacilles de Koch.

Au niveau du hile du foie, des ganglions plus gros encore, unissaient entre eux le lobule de Spiegel, la tête du pancréas, la vésicule biliaire et le duodénum. Le cholédoque était tellement serré par ces masses caséeuses, que non seulement le cathétérisme rétrograde, mais même le passage d'un courant d'eau sous pression, étaient impossibles.

En arrière de l'obstacle, la dilatation des canalicules biliaires intra-hépatiques était énorme. Le foie d'une couleur vert-olive, ne pesait que 1.650 grammes, malgré son volume considérable ; il avait à la coupe, l'aspect d'une éponge, et, fait remarquable, en l'absence de putréfaction avancée, ce foie nageait sur l'eau comme un parenchyme pulmonaire.

Cette observation présente un intérêt à la fois anatomo-pathologique et clinique : 1° au point de vue anatomo-pathologique, la forme spéciale de cette périhépatite tuberculeuse d'origine ganglionnaire chez un adulte et cette compression serrée du cholédoque par une adénite tuberculeuse ; 2° au point de vue clinique, les difficultés du diagnostic. Dans la discussion qui suivit, M. Bret rapporta un cas de compression du cholédoque par un ganglion tuberculeux ayant évolué sans ictère et avec atrophie de la vésicule. Les symptômes de cette occlusion incomplète étaient des accès fébriles et des troubles digestifs dus à la périhépatite. Cette seconde observation montre encore combien variables sont les manifestations de la tuberculose juxta-cholédocienne.

GYNÉCOLOGIE

Essai sur la Séméiologie du Douglas chez la femme.

(Thèse de Lyon 1902.)

Après quelques recherches anatomiques sur le cul-de-sac de Douglas, nous avons tenté, dans une revue d'ensemble, la séméiologie des lésions accumulées en cette région déclive. On sait qui nous a guidé.

Recherches anatomiques. — L'étude d'une topographie, si souvent décrite, ne nous laissait à préciser que quelques points de détail. Pour vérifier les idées de Barnes sur la déclivité maxima du Douglas et celles de Freund sur ses états infantiles, nous avons fait des moulages en plâtre. Ils nous ont montré de grandes variations dans la forme de cette région. Il est, chez l'adulte, des Douglas infantiles dont les deux étages : l'atrium et le fond, se continuent sans inflexion, se prêtant ainsi à la descente anormale des anses intestinales jusqu'à l'extrémité inférieure du cul de sac. Ce fond lui-même est situé ordinairement à gauche, quelquefois à droite de la ligne médiane. Sa position dépend de la déviation elle aussi variable, du rectum. Ainsi des épanchements de sérosité minimes et enkystés dans ce bas-fond, peuvent affecter la position rétro-latérale qui caractérise les annexes prolabées et expliquer certaines erreurs de diagnostic. (Barnes.)

Séméiologie. — Le cul-de-sac de Douglas peut être occupé : 1° Par des *organes déplacés :* l'intestin et l'épiploon adhérents simulent parfois des tumeurs inflammatoires. MM. Pozzi et Baudron ont insisté sur ces entérocèles adhésives du cul-de-sac postérieur qui ont été blessées non seulement au cours de colpotomies, mais même à l'occasion de périnéorraphies. Les épiplocèles adhérentes en ce point, peuvent se présenter comme des tumeurs annexielles et mériter d'ailleurs une intervention, par les troubles qu'elles déterminent.

Les déplacements de l'utérus nous retiennent plus longtemps. On sait la peine qu'il y a parfois à reconnaître le corps utérin rétrodévié, soit qu'il occupe seul le Douglas, soit surtout qu'il s'y trouve en compagnie d'une salpingite. C'est à la perception de la crète utérine postérieure (Le Dentu), à une certaine béance du col utérin, aux essais de réduction instructifs même lorsqu'ils sont infructueux, qu'on aura recours pour trancher cette difficulté.

L'examen du cul-de-sac postérieur doit encore rendre compte des variétés d'obstacles à la réduction ou au maintien de l'utérus dévié. Nous examinons les différentes sortes d'enclavement en dehors de l'état puerpéral, le rôle complexe des ligaments utéro-sacrés, les variétés d'adhérences, les fausses réductions. Ainsi : il est des utérus qui tendent toujours à retomber en arrière parce que l'on a, en même temps qu'eux, et avec eux, remonté en masse le cul-de-sac de Douglas auquel ils adhèrent. C'est comme une hernie qu'on réduirait avec son sac (Fochier). D'autres matrices, correctement réduites cependant, ne se maintiendront jamais par le moyen d'un anneau, parce qu'un prolapsus des ovaires persiste et rend insupportable le port d'un appareil.

2° *Inflammations* qui atteignent le Douglas ou se manifestent à son niveau. Du liquide peut remplir ce cul-de-sac et ne pas être senti au toucher, quand il n'est pas enkysté. Les expériences de M. R. Tripier, les faits cliniques le montrent bien ; nous en citons un exemple un peu particulier : une pelvi-péritonite purulente subaiguë, non enkystée, passa ainsi inaperçue jusqu'à ce qu'une hystérectomie vaginale ait donné ss ue à des flots de liquide.

Quelques symptômes de la péritonite tuberculeuse, les collections purulentes d'origine appendiculaire et intestinale, les adhérences ayant leur point de départ dans une malformation rectale (Freund), sont brièvement étudiées ; nous insistons plus spécialement sur les annexites et les pelvi-péritonites génitales. Tout d'abord n'y aurait-il pas lieu de classer ces lésions d'après les signes fournis par le toucher? Les distinctions anatomo-pathologiques en salpingite catarrhale, insterstitielle, avec rétention, etc., sont souvent impossibles à faire en clinique. Ainsi, une salpingite sans rétention notable, peut être englobée par des fausses membranes enkystantes, de façon à ressembler à un pyo-salpinx distendu. « C'est là une loi : Le péritoine enflammé tend, en le modelant, à donner à un organe malade, la forme d'une boule ou d'un œuf (Th. Landau) ». N'est-il pas incommode qu'un observateur, pour noter les sensations qui traduisent l'état des annexes malades et s'en rappeler plus tard, soit réduit à se servir de mots vagues, tels que : masse, cordon, etc., ou à écrire d'emblée un diagnostic anatomo-pathologique qui dépasse certainement sa connaissance positive ? Nous proposons de classer ces lésions des annexes tombées dans le Douglas, de la façon suivante :

1° Les annexes ont conservé leur mobilité et leur forme ;

2° Perdu leur forme et conservé leur mobilité (certains hydro-salpinx par exemple) ;

3° Perdu leur forme et leur mobilité ;

4° Une volumineuse collection a comblé tout le Douglas.

Dans ces deux dernières variétés de suppuration, la colpotomie, même réduite par les progrès de la laparatomie, à une opération de drainage, conserve des indications. Le cul de sac postérieur une fois ouvert, on pourra reconnaître par la nature du liquide évacué et par l'exploration de la poche, la présenee d'abcès multiples ou étagés. On s'aidera, pour se repérer et pour parvenir à un drainage aussi complet que possible, de la notion des dispositions fréquentes décrites par M. Laroyenne, en 1893 : 1° une loge muco-purulente annexielle est incluse dans une cavité de pelvi-péritonite séreuse ; 2° le doigt explorateur trouve les annexes comme diminuées de volume et aplaties contre les parois de la coque péritonéale dans laquelle elles sont enkystées.

Si, malgré une évacuation satisfaisante, les phénomènes généraux, la fièvre ne s'amendent pas, on devra soupçonner — en dépit de leurs allures aiguës — l'origine tuberculeuse de ces suppurations annexielles (A. Pollosson).

Les deux derniers chapitres de ce travail ont trait l'un aux *hémorragies*, aux hémato-salpinx, aux hématocéles en rapport avec le Douglas, l'autre aux *tumeurs* de l'utérus, des annexes et du rectum descendues dans ce cul-de-sac. Des greffes cancéreuses venues des organes abdominaux les plus éloignés, de l'estomac, comme nous en citons un exemple, peuvent aussi tomber au fond de cette région déclive et s'y développer. Ce fait constaté, depuis Virchow, aux autopsies, pourrait peut-être servir en clinique et le toucher vaginal aider à soupçonner certaines généralisations malignes.

Imperforation de l'hymen. Pyocolpos fermé.

(Annales de gynécologie et d'obstétrique, avril 1904.)

Autant sont banales les observations relatant la suppuration des hématocolpos après leur ouverture à l'extérieur, autant sont rares les observations de transformation purulente d'un hématocolpos fermé. Les classiques n'en rapportent qu'une seule due à Rheinstœdter. C'est un fait de cet ordre que nous avons eu l'occasion d'étudier.

La malade était une jeune fille de dix-sept ans, non encore réglée jusqu'à ce moment, et qui entrait à l'hôpital pour une rétention d'urine.

L'examen local en fit voir l'origine dans une imperforation hyménéale, avec accumulation de liquide dans les voies génitales. La tuméfaction qui en résultait, atteignait l'ombilic ; à ce niveau on percevait assez nettement l'utérus, à peu près sur la ligne médiane, et, à sa droite, accolé à lui, se sentait un petit cordon allongé qu'on supposa être une trompe. La température rectale était de 38°6.

Pensant à un hématocolpos, nous pràtiquâmes au thermocautère l'incision de l'hymen, crucialement et progressivement de façon à n'avoir point une évacuation trop brusque de la collection. Celle-ci était composée de 500 ou 600 grammes d'un pus bien lié, homogène, ne renfermant pas de caillots. Le toucher permit alors de sentir un vagin distendu, à parois un peu rugueuses et un utérus virginal fermé qui n'avait pas participé à la distension. Il s'agissait donc d'un pyocolpos sans pyométrie.

Les suites de cette petite opération furent extrêmement simples. La température tomba immédiatement et, deux mois après, les règles apparurent normalement.

Dans le but de découvrir l'origine de cette suppuration en vase clos, on recueillit aseptiquement du pus qui fut analysé bactériologiquement et cultivé. Cet examen donna les résultats suivants :

1° *Examen du pus.* — Petits diplocoques gardant le Gram, quelques streptocoques en chaînettes courtes.

2° *Culture en bouillon.* — Staphylocoques à gros grains et streptocoques à grains petits gardant le Gram.

3° *Culture dans le vide.* — Semblable à culture en bouillon ; pas d'anaérobies.

4° *Culture sur agar.* — Mêmes résultats qu'en bouillon ; culture de staphylocoques blanche crémeuse avec quelques colonies de streptocoques.

5° *Culture sur gélatine.* — Liquéfaction de la gélatine par les colonies de staphylocoques.

Donc : *pus à staphylocoques blancs et à streptocoques.*

Ces constatations permettent d'écarter et la nature tuberculeuse de ce pyocolpos spontané, et l'hypothèse d'une infection de voisinage d'origine intestinale, le bacterium coli n'étant pas ici en cause.

Il paraît probable qu'il s'agit, dans ce cas exceptionnel, de la contamination par voie sanguine, d'un épanchement hématique menstruel.

CHIRURGIE URINAIRE

Recherches sur les vaisseaux artériels de l'uretère.

(En collaboration avec M. Latarjet. *Société des sciences médicales*, avril 1907.)

Nous donnons dans ce travail les premiers résultats de nos recherches anatomiques actuellement en cours.

Les vaisseaux de l'uretère sont brièvement mentionnés dans les traités classiques. Leur importance chirurgicale a augmenté ces derniers temps avec la pratique d'opérations nouvelles, en particulier de l'ablation de l'utérus cancéreux par la méthode de Wertheim ; elle justifie des recherches plus détaillées.

On peut diviser les artères de l'uretère en deux catégories :

1° *Artères longues ;*

2° *Artères courtes :*

Les artères longues sont essentiellement constituées par l'*artère uretérale supérieure*, branche de la rénale, et par l'*artère uretérale inférieure*, branche de l'hypogastrique ou de l'iliaque primitive. Les artères courtes comprennent un groupe spermatique ou utéro-ovarien et un groupe vésico-déférentiel ou vésico-utérin.

L'étude de leur trajet et de leur distribution nous conduit à des considérations pratiques :

On a parfois cherché dans l'anatomie des vaisseaux de l'uretère la cause de certaines nécroses survenues lors de la dénudation de ce conduit (Feitel). Des opérations plus nombreuses apprennent qu'en réalité, cette nécrose est exceptionnelle, et c'est la cause de cette immunité relative que doit montrer la description de ses moyens de nutrition. Nous

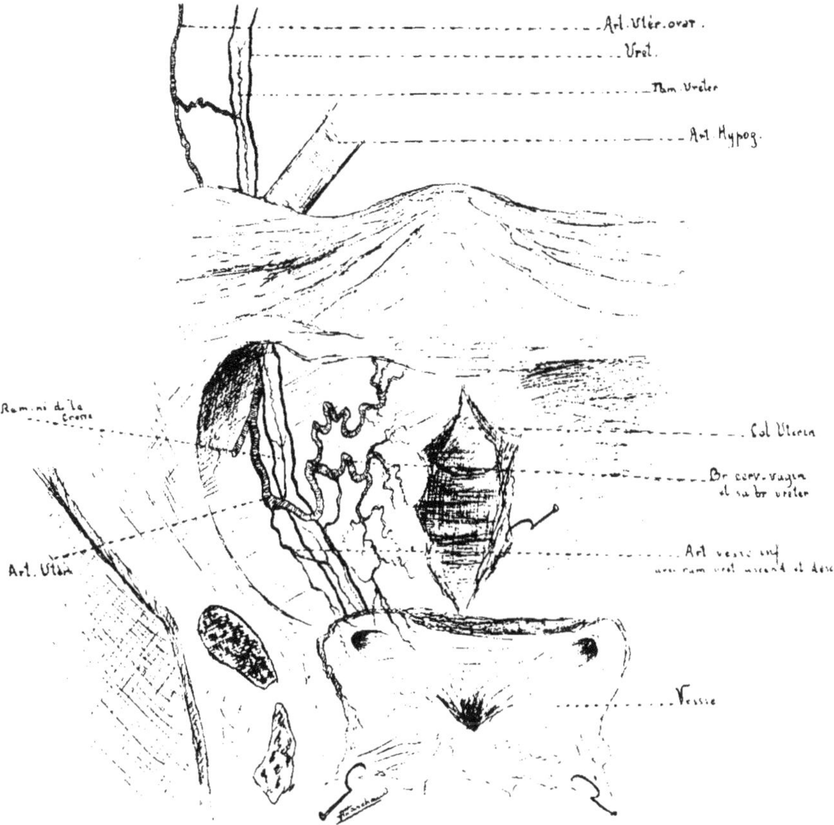

Fig. 2. — Circulation artérielle de l'uretère.

voyons, en effet, que l'uretère dénudé est ordinairement préservé de la mortification par les dispositions suivantes :

1° Les deux artères longues irriguent la presque totalité de l'uretère. Elles ne sont exposées que dans le trajet qui sépare leur lieu d'origine du point où elles atteignent l'uretère, or ce trajet est court, car elles gagnent directement ce conduit, sans s'attarder dans l'atmosphère cellulo-graisseuse qui l'entoure. Après l'avoir atteint, elles se bifurquent chacune en deux

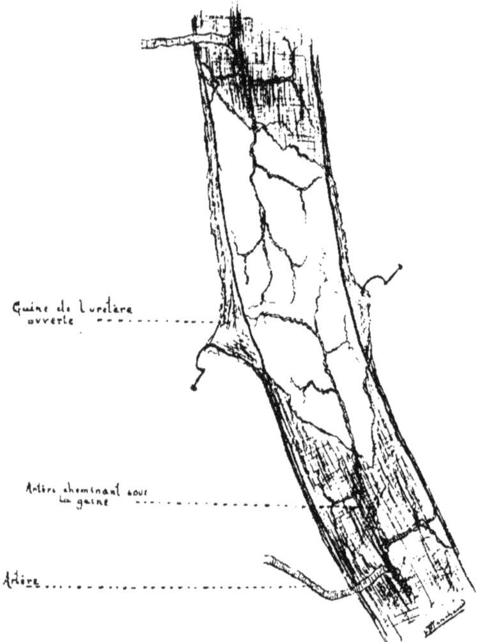

Fig. 3. — Circulation artérielle de l'uretère.

longues branches ascendante et descendante qui adhèrent intimement à la paroi musculaire de l'uretère où plongent les ramuscules de troisième ordre. On ne saurait les blesser, sans intéresser le conduit lui-même. Elles sont situées au-dessous de la gaine adventice ; celle-ci ne contient pas les vaisseaux nourriciers de l'uretère qui ne font que la traverser, elle n'est donc pas comparable à la gaine des artères où serpentent des vasa-vasorum et sa dilacération est moins dangereuse pour la vitalité de l'organe qu'elle renferme.

2° Dans sa portion tout inférieure, où il est irrigué par des branches courtes venues des vésicales et de l'utérine, l'uretère est protégé contre la mortification, par la petite étendue de cette région et par la multiplicité des sources vasculaires.

Calculs vésicaux d'oxalate de chaux extraits par la taille hypogastrique.

(Société des Sciences médicales, 5 novembre 1899.)

Ces calculs paraissaient être la conséquence indirecte d'un traumatisme vertébral survenu quelques années auparavant et qui avait provoqué une rétention d'urine. Les cathétérismes infectants avaient donné naissance à des calculs secondaires composés, non pas comme il est de règle, de phosphate, mais bien d'oxalate de chaux.

Tuberculose urinaire chez l'enfant. — Néphrectomie. Cystostomie périnéale.

(En collaboration avec M. Vignard, chirurgien des Hôpitaux. — *Société de Chirurgie de Lyon,* février 1907.)

La partie la plus personnelle de cette communication est l'étude d'un mode de drainage nouveau de la vessie.

Nous avons eu l'occasion de l'appliquer à un enfant de quatorze ans atteint de tuberculose à la fois rénale et vésicale. La tuberculose rénale fut traitée par une néphrectomie primitive. Cette opération donna un relèvement immédiat de la courbe d'élimination de l'urée et ses résultats auraient été excellents si des troubles vésicaux graves n'avaient continué à évoluer, menaçant à brève échéance la vie du malade. Le traitement par des injections et des instillations demeurant inefficace, on résolut une nouvelle intervention.

Celle-ci consista dans une *taille vésicale périnéale directe,* sans passer par l'urètre. Ce procédé, renouvelé de l'ancienne taille de Celse, n'a guère été employé, croyons-nous, en pareille circonstance, pour satisfaire à des indications de drainage. MM. Rochet et Durand avaient pourtant étudié théoriquement son exécution et vanté ses avantages probables et ce sont leurs recherches qui nous ont amené à le pratiquer.

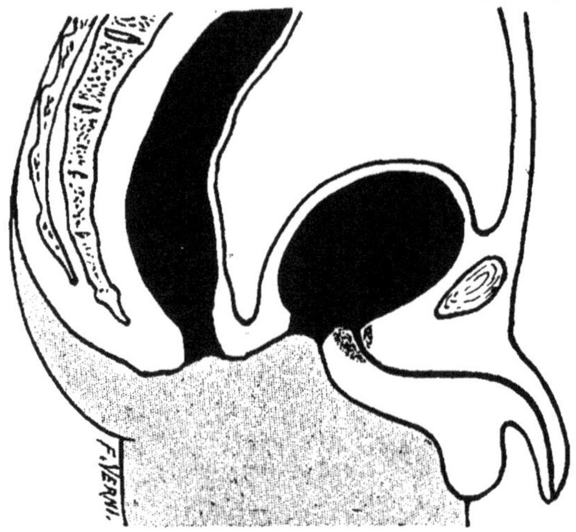

Fig. 4. — Cystostomie périnéale.

Cette opération paraît, mieux que toute autre, assurer le repos complet de la vessie qu'elle ouvre directement au point déclive, elle permet en outre de traiter, chemin faisant, les abcès périnéaux s'il en existe. La taille urétrale ordinaire et la boutonnière périnéale avec dilatation de l'urètre postérieur ont le désavantage d'une fistulisation moins complète et moins durable. La cystostomie hypogastrique permet mieux de traiter *de visu* les lésions tuberculeuses endo-vésicales, mais ce traitement se réduit ordinairement à peu de choses et, par ailleurs, elle procure une évacuation moins satisfaisante du réservoir urinaire.

La cystostomie périnéale semble au reste, d'une exécution pratique surtout chez l'enfant, dont le périnée peu profond permet d'aborder sans difficulté la face postérieure de la vessie. En suivant méthodiquement la technique employée pour les premiers temps de la prostatectomie et, en ne quittant pas la ligne médiane, on se met autant que possible à l'abri de la blessure des organes voisins : rectum, uretères, voies génitales.

La fistule obtenue par ce procédé est persistante ; chez notre opéré, elle se maintient six mois après l'opération, tout en tendant graduellement à la fermeture spontanée. Nous ne pensons pas que cette fistulisation prolongée dont s'achète le repos vésical, soit un inconvénient quand il s'agit d'une affection aussi tenace que la cystite tuberculeuse grave. Aussi, n'avons-nous pas cherché à hâter par une opération, l'oblitération du méat périnéal.

CHIRURGIE DU CRANE

Thrombo-phlébite otitique du sinus latéral

(Contribution à la thèse de Costil, Lyon 1902.)

Enfant de sept ans, dont la mastoïde avait été trépanée trois jours auparavant et qui présentait de l'exophtalmie, de l'œdème facial et des signes de septicémie. Sur les indications de M. Lannois : ligature de la veine jugulaire interne, ouverture et drainage du sinus latéral thrombosé. Après une amélioration de quelques jours, la malade succomba à des infarctus pulmonaires. L'autopsie révéla une septicémie à coli-bacilles et montra l'intégrité du tissu osseux intermédiaire aux cavités de l'oreille et au sinus; l'infection s'était vraisemblablement propagé des unes à l'autre par voie veineuse.

Cette observation contribue à démontrer l'existence de phlébites des sinus latéraux avec des lésions mastoïdiennes presque nulles ; cette dernière constatation, faite au cours d'une intervention, ne doit pas faire renoncer, pour peu qu'il en existe d'autres signes, au diagnostic de thrombo-phlébite, ni écarter d'une opération précoce sur les veines suspectes.

Trois cas de fracture du crâne avec fracture probable du canal optique

(En collaboration avec M. MOREAU, chef de clinique ophtalmologique. *Revue générale d'ophtalmologie*, mars 1907.)

Les troubles visuels auxquels exposent les fractures de l'étage antérieur du crâne, peuvent présenter de grandes variétés dans leur évolution. Les trois malades que nous étudions en sont la preuve.

Chez le premier, l'amaurose est apparue dès sa sortie du coma et, un mois après l'accident, la papille était déjà blanche, chez le second, les troubles visuels ne sont survenus que neuf mois après le traumatisme. Leur unilatéralité, les caractères ophtalmoscopiques de la papille en voie d'atrophie, portent à penser que l'accident a bien en effet été la cause de cette amaurose tardive à évolution progressive et latente.

Le troisième blessé est intermédiaire aux deux précédents en ce qui concerne la date d'apparition de ses troubles visuels. Son intérêt particulier réside dans l'existence de troubles bilatéraux Ils sont dûs sans doute, à une irradiation du trait de fracture, passant d'un étage antérieur à l'autre et lésant les deux canaux optiques. Mais tandis que du côté répondant au point d'application du traumatisme, la névrite optique va s'aggravant, elle paraît rétrocéder du côté opposé, ainsi qu'en témoignent les variations des champs visuels pris à trois mois d'intervalle.

Cette marche si différente des lésions soulève des questions de pathogénie difficiles à trancher, mais pour s'en tenir aux conséquences pratiques, nous devons conclure de cette étude, la nécessité d'examiner systématiquement la vision des blessés atteints de fracture du crâne, alors même qu'ils ne se plaignent pas de leur vision. Plus tard, en effet, on peut avoir à déterminer les rapports qui existent entre un traumatisme déjà ancien et des troubles oculaires en apparence récents.

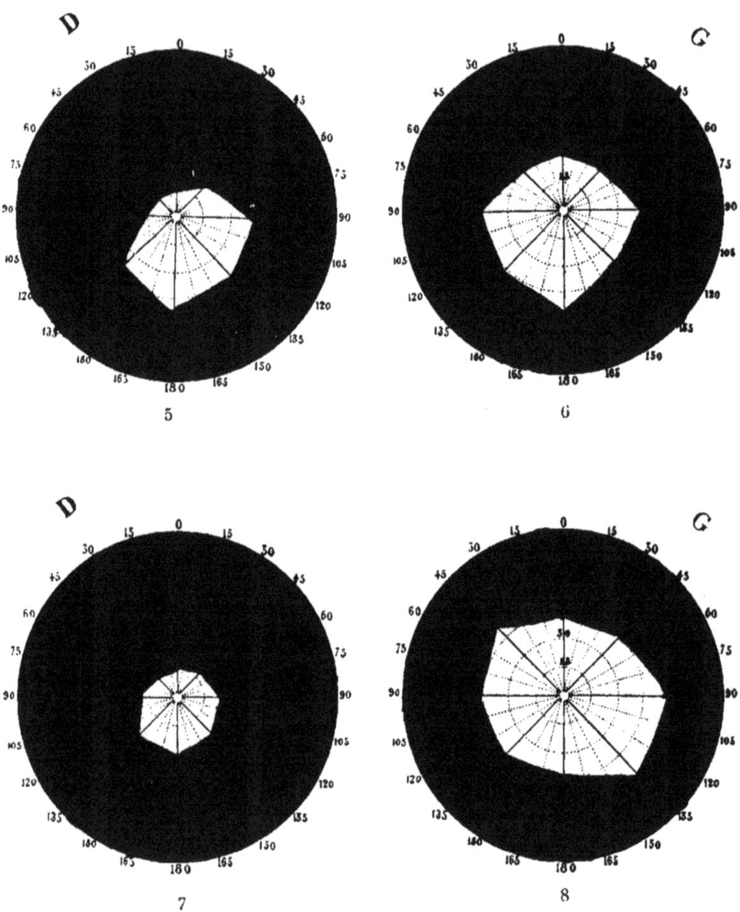

Fig. 5, 6, 7, et 8. — Fracture du crâne suivie de troubles bilatéraux de la vision. (Champs visuels pris à trois mois d'intervalle).

Ostéite cranienne post-traumatique.

(Laroyenne et E. Mouriquand *Société des Sciences médicales.* Février 1907.)

Le blessé que nous avons présenté offrait des particularités dans l'étiologie, l'anatomie pathologique et le mode de réparation de ses lésions.

Sa fracture temporo-pariétale irradiée au rocher, s'infecta par une otite depuis longtemps existante ; dès le début, on s'était demandé si cette suppuration auriculaire ne créait pas une indication à recourir immédiatement au trépan préventif. On différa cependant, mais près de trois semaines plus tard, des accidents infectieux graves firent entreprendre une trépanation qui les enraya.

Cette opération montra des lésions étendues d'ostéite raréfiante — véritable ostéomyélite post-traumatique — qui nécessitèrent une assez large ablation de la paroi osseuse.

Moins d'un an après la création de cette vaste brèche, une réparation presque complètement osseuse s'était effectuée, grâce, sans doute, au jeune âge (14 ans) du malade et à la nature inflammatoire de ses lésions, capable de stimuler les éléments ostéogènes.

De plus, la fracture du rocher avait déterminé une paralysie faciale qui disparaissait peu à peu. Mais, alors même que les paupières ne pouvaient se clore complètement, le globe oculaire était parvenu à se protéger d'une façon satisfaisante contre les irritations extérieures, grâce à l'établissement d'une enophtalmie compensatrice. La pathogénie de ce dernier phénomène, qui rappelle ce que l'on obtient expérimentalement chez certains animaux, par la section du facial, est difficile à expliquer ; il avait en tout cas un effet heureux et remédiait dans une certaine mesure à la paralysie de l'orbiculaire des paupières.

CHIRURGIE DE LA FACE ET DU COU

L'espace prélacrymal.

(Contribution à la these d'ARIBAUD sur la *Tumeur prélacrymale*, Lyon, 1901.)

On peut, par la dissection, mettre en évidence, en avant du sac lacrymal, un espace pauvre en tissu cellulaire et dont la paroi antérieure est constituée par une expansion fibreuse du tendon direct de l'orbiculaire des paupières.

Cette région, comme l'a montré M. Rollet, a son intérêt pathologique. Des inflammations, des tumeurs peuvent s'y développer. De prétendus dacryocystites qui, après incision, guérissent contre toute attente sans laisser de fistules, ne sont parfois que des prédacryocystites méconnues.

Œsophagotomie externe pour dentier implanté dans l'œsophage.

(*Société de chirurgie de Lyon*, 10 mai 1900)

Le corps étranger était en place depuis soixante-quinze jours, il était fixé assez bas pour que l'extrémité inférieure de l'incision d'œsophagotomie externe n'atteigne pas son niveau ; au cours de l'intervention pratiquée par M. Vallas, on reconnut l'existence d'une perforation de la paroi trachéale.

Malgré ces conditions défavorables, les suites opératoires furent exemptes de complications et simplifiées encore par l'ablation précoce de la sonde œsophagienne. Ce détail thérapeuthique ayant été discuté à cette occasion, il fut généralement admis qu'il fallait, autant que possible, chercher à se passer de la sonde pour les soins consécutifs et débarrasser le malade d'un appareil gênant et quelquefois pénible.

Thyroïdite suppurée. — Œdème pulmonaire suraigu

(Présentation faite par M. PERRETIÈRE, interne des Hôpitaux à la *Société des sciences médicales*, 20 décembre 1905.)

Cette thyroïdite était survenue chez une jeune fille, au moment de l'accroissement pubertique de la glande thyroïde et nous avions dû l'inciser d'urgence pour des accidents dyspnéiques. Elle n'était qu'une des nombreuses localisations d'une infection générale, cliniquement grippale ; en effet, la malade ayant succombé, après une rémission de quelques jours, dans un accès aigu d'œdème pulmonaire, on constata, à l'autopsie, que le cœur, les reins, le foie et la rate présentaient des altérations anatomiques contemporaines de celles du corps thyroïde.

CHIRURGIE DES MEMBRES

Contribution à l'étude des luxations de l'épaule en arrière

(En collaboration avec M. J. Morel, *Bulletin médical*, avril 1904.)

Nous étudions le diagnostic, les complications nerveuses et la pathogénie de ces luxations, en nous aidant d'observations originales, d'expériences cadavériques et du dépouillement des observations anciennes.

1° *Diagnostic.* — Il est souvent méconnu et a donné lieu à des erreurs demeurées célèbres. La cause paraît en être dans la difficulté que l'on éprouve très souvent, dans cette variété de luxation, à reconnaître, par le palper, la tête humérale dissimulée sous l'acromion ;

2° *Complications nerveuses.* — Elles sont caractérisées par des paralysies du nerf circonflexe. Les classiques, sauf Farabeuf, s'en sont peu occupés. Des paralysies persistantes, mais curables existaient dans nos deux observations. On tend actuellement à considérer les troubles nerveux qui accompagnent les luxations de l'épaule, comme se produisant parallèlement et non consécutivement à la luxation. Cette notion, exacte pour les déplacements en avant et en dedans de la tête humérale, n'est point complètement applicable à ses déplacements en arrière. En produisant expérimentalement des luxations scapulaires postérieures, nous avons constaté que le nerf circonflexe se tendait fortement et se trouvait serré entre

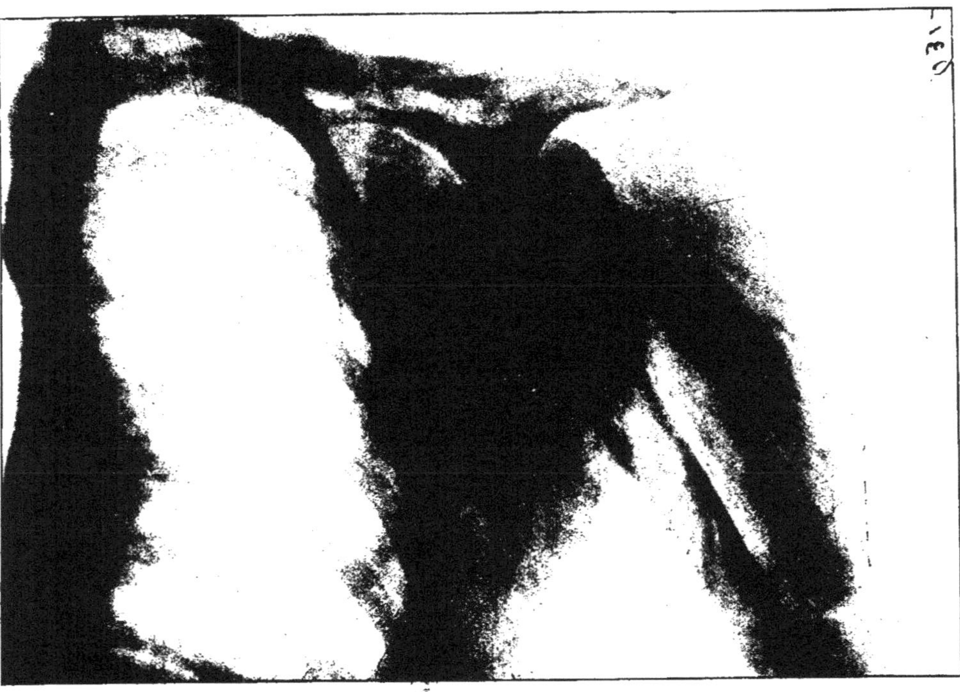

Fig. 9. — Luxation de l'épaule en arrière

l'humérus et le tendon rigide du long triceps. Deux fois, la rotation interne étant poussée à l'extrême, le nerf se déchira ;

3° *Pathogénie*. — Il est facile de reproduire sur le cadavre des luxations de l'épaule en arrière par la torsion interne de l'humérus combiné à son élévation. Une grande force n'est, le plus souvent, pas nécessaire.

La tête humérale s'échappe-t-elle de la capsule, en passant directement en arrière (A. Cooper), ou descend-elle d'abord dans l'aisselle, pour ensuite remonter en arrière (J.-L. Petit) ? Ce dernier mécanisme doit s'appliquer, au moins à certains cas. Ainsi, chez nos deux blessés, la réduction a été précédée d'une transformation de la luxation postérieure en luxation inférieure et s'est effectuée en deux temps. N'est-on pas alors disposé à admettre que la tête a suivi, pour sortir de la cavité glénoïde, un chemin analogue à celui qu'elle a pris pour y rentrer?

Luxation en avant du semi-lunaire et du fragment proximal du scaphoïde fracturé. — Réduction. — Très bon résultat fonctionnel

(Observation *in* thèse de Tavernier, Lyon, 1906.)

Les troubles de croissance des os du membre inférieur dans les ostéo-arthrites tuberculeuses du genou

(En collaboration avec M. Flaissier, *Province médicale*, 13 avril 1907.)

En utilisant 21 observations nouvelles recueillies dans le service de M. Nové-Josserand, nous étudions les modalités, la pathogénie et les conséquences cliniques des troubles de croissance qui accompagnent fréquemment, en dehors de toute action opératoire, l'évolution de la tuberculose du genou chez l'enfant.

I. Résultat des mensurations. — Nos propres mensurations, d'accord avec d'autres antérieurement publiées, établissent la *fréquence de l'allongement du membre dû à l'allongement du fémur, le tibia étant au contraire fréquemment raccourci.*

II. Pathogénie. — Diverses hypothèses ont été émises pour

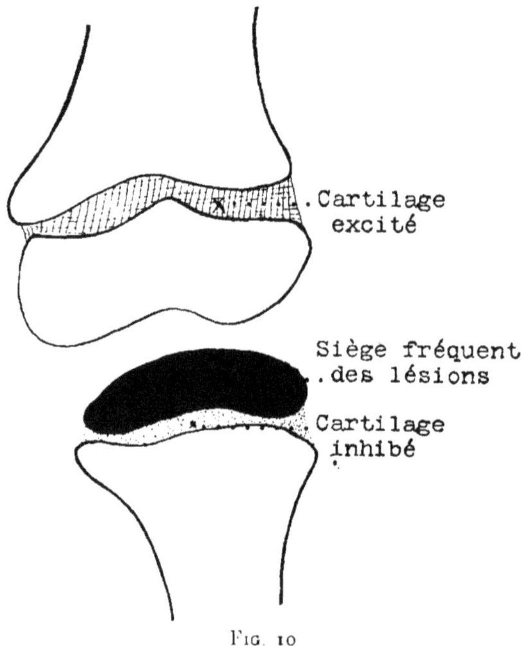

Fig. 10

expliquer ces troubles. Une des plus communément invoquées est celle de l'allongement atrophique. Elle n'est pourtant pas admissible, car une action atrophique ne saurait produire en même temps l'allongement d'un os et le raccourcissement de l'autre.

En appliquant à ce cas particulier les idées d'Ollier et à l'anatomie normale et pathologique du genou, la physiologie générale du cartilage de conjugaison, ces faits paradoxaux en apparence, nous semblent s'expliquer. En effet, l'épiphyse inférieure du fémur est étendue en hauteur, celle du tibia ne l'est pas. Une lésion tuberculeuse siégeant sur l'épiphyse du tibia, touche fatalement ou avoisine de près le cartilage conjugal de cet os, elle n'a pas la place d'en être éloignée, et elle le détruit ou le stérilise partiellement. Inversement, une lésion siégeant sur l'épiphyse du fémur peut rester distante de son cartilage d'accroissement dont elle irrite alors l'activité. D'ailleurs le siège le plus fréquent des lésions de la gonalgie n'est-il pas le tibia, et c'est encore une raison pour que le cartilage de cet os soit fréquemment inhibé, tandis que sera excité le lointain cartilage fémoral.

III. Conséquences cliniques. — L'allongement du fémur peut être assez prononcé, parce que le cartilage de conjugaison de l'extrémité inférieure de cet os est très fertile, mais il sera transitoire et cessera de se produire quand disparaîtront les causes irritatives, l'arthrite qui le détermine.

Le raccourcissement du tibia sera persistant, parce qu'il tient à une destruction partielle du cartilage.

Peut-être pourra-t-on utiliser ces données pour la localisation des lésions osseuses.

En tout cas, elles comportent par elles-mêmes, un traitement. En déterminant un allongement même passager, ou un raccourcissement du membre malade, elles sont pour lui, une cause d'attitudes vicieuses et en particulier de genu valgum. On peut le faire disparaître en égalisant les deux membres par les moyens orthopédiques les plus simples.

Présentation de pièces anatomiques.

(En collaboration avec M. Muller. *Société des sciences médicales*, mars 1907.)

I. Pieds bots varus équins.

Nous comparons deux pièces recueillies à l'amphithéâtre sur des sujets âgés. Ce sont deux squelettes de pieds bots varus équins; bien qu'affectés de déviations semblables, ils présentent cependant des dissemblances qui permettent de reconnaître à l'un une origine paralytique, à l'autre une origine congénitale. Le premier est un pied uniformément atrophié, le second présente des régions atrophiées alternant avec des régions hypertrophiées. Les unes répondent à des parties devenues fonctionnellement inutiles par le fait de la déformation, les autres à des points d'appui nouveaux. On peut également vérifier sur ces pièces l'exactitude du moyen donné par Hoffa pour distinguer, au point de vue anatomo-pathologique, le pied bot congénital du pied paralytique invétéré : sur l'un la malléole externe se rapproche et vient au contact du calcanéum; sur l'autre, elle en reste distante.

II. Fracture sus-malléolaire.

Des travaux récents ont montré la fréquente gravité de cette fracture, autrefois considérée comme bénigne. Nous présentons une piece anatomique, exemple typique d'une des consolidations vicieuses qui suivent assez souvent cette fracture. L'extrémité inférieure du fragment inférieur a, avec le pied, basculé en avant. Le tibia décrit un arc de cercle à concavité antérieure et la marche ne devait se faire qu'en talonnant.

PRÉSENTATIONS DIVERSES

Gastro-entérostomie pour néoplasme pylorique.

(*Société des sciences médicales*, 2 mai 1900.)

Rétrécissements orificiels multiples du cœur.

(*Société des sciences médicales*, mars 1897.)

Lyon. — Imprimerie A. REY et Cie, 4, rue Gentil. — 45512

www.ingramcontent.com/pod-product-compliance
Ingram Content Group UK Ltd.
Pitfield, Milton Keynes, MK11 3LW, UK
UKHW021958260726
13994UKWH00004B/1831

9 782329 426976